AF331860

8° V pièce
00 29

BRÉGUET

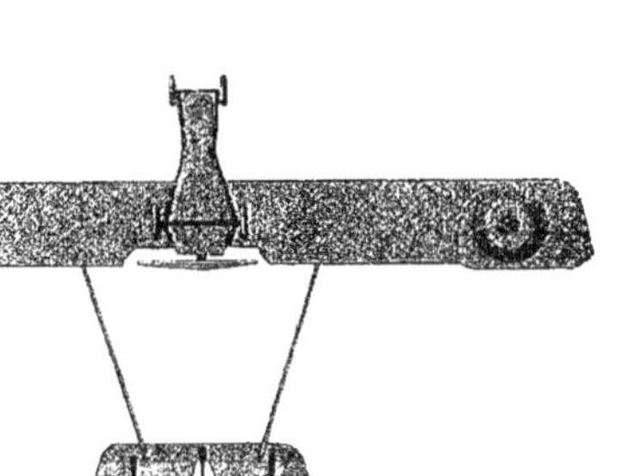

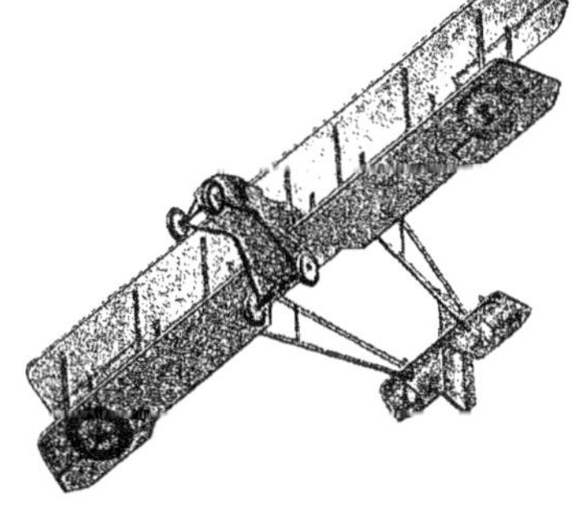

AVION DE CHASSE BRÉGUET

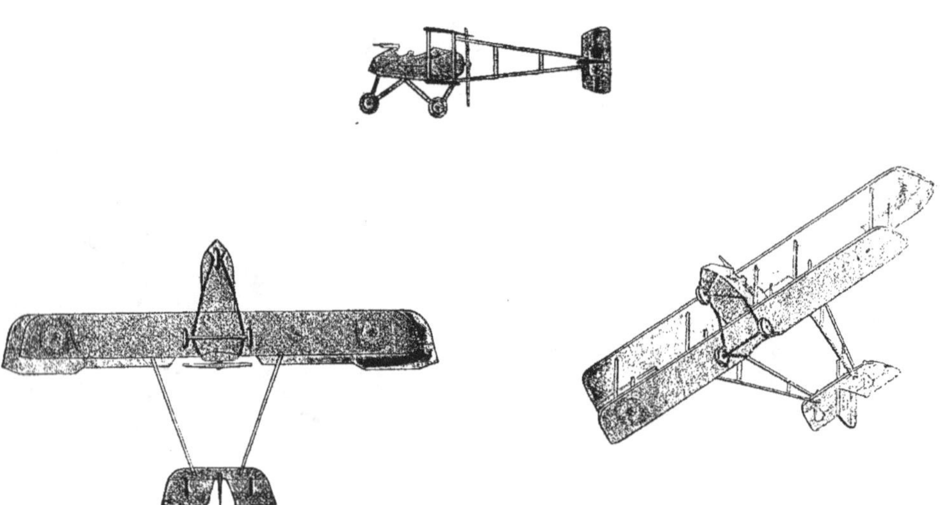

CAUDRON G. 3.

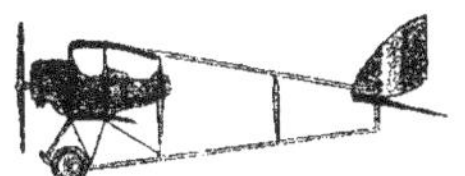

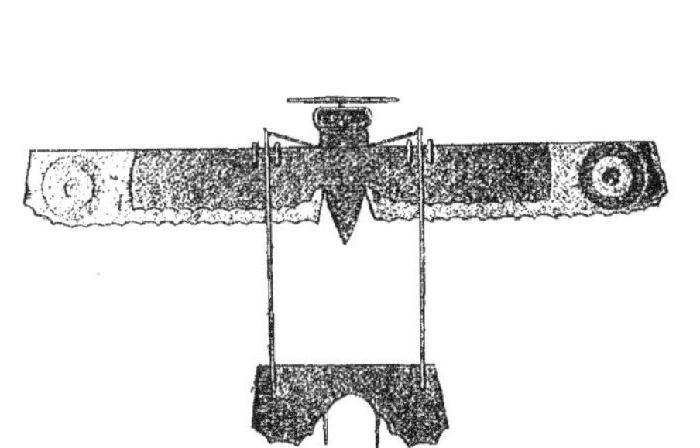

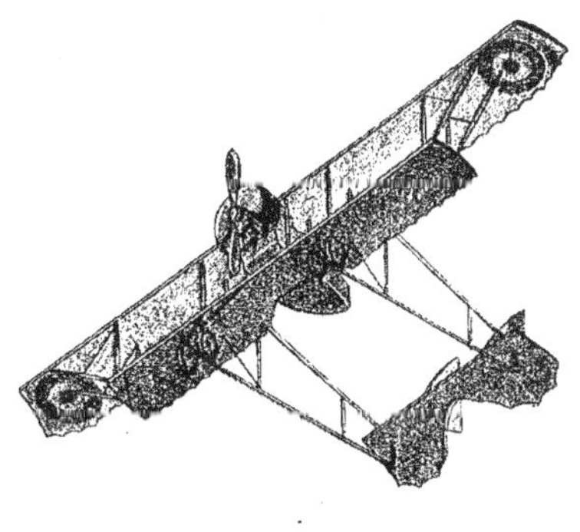

CAUDRON G. 4.

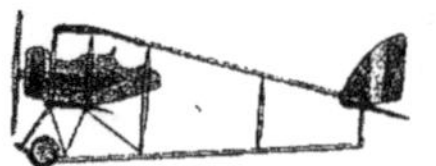

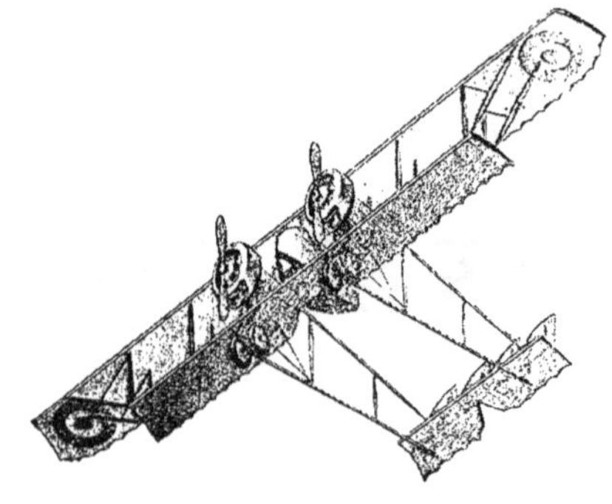

M. FARMAN

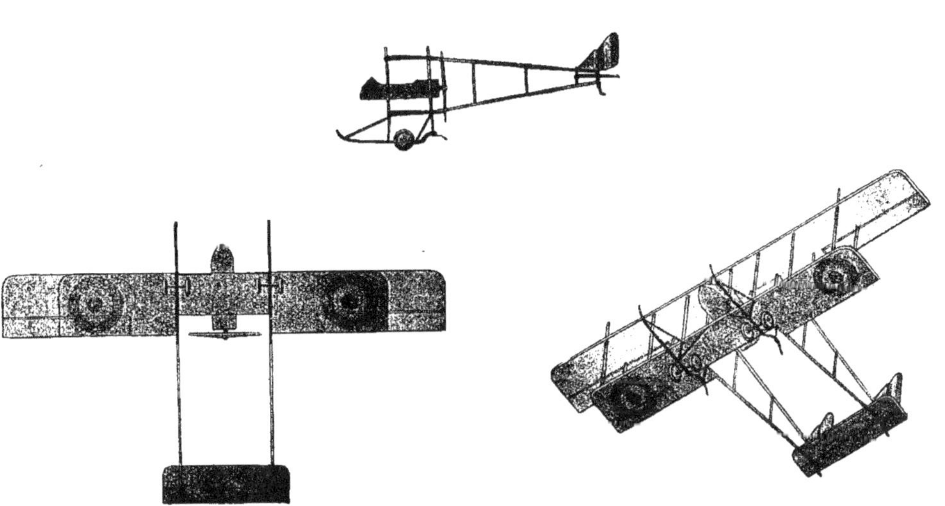

PARASOL MORANE

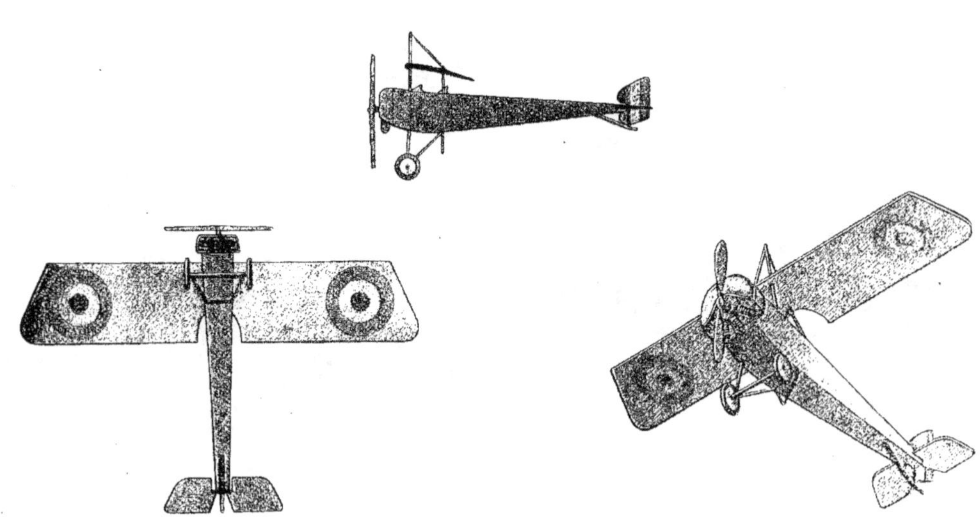

AVION DE CHASSE MORANE

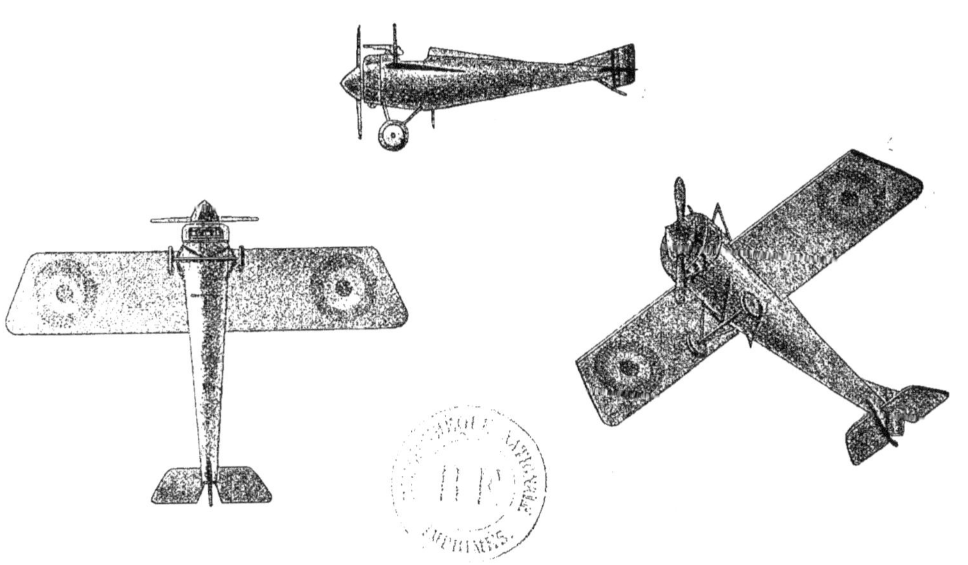

NIEUPORT

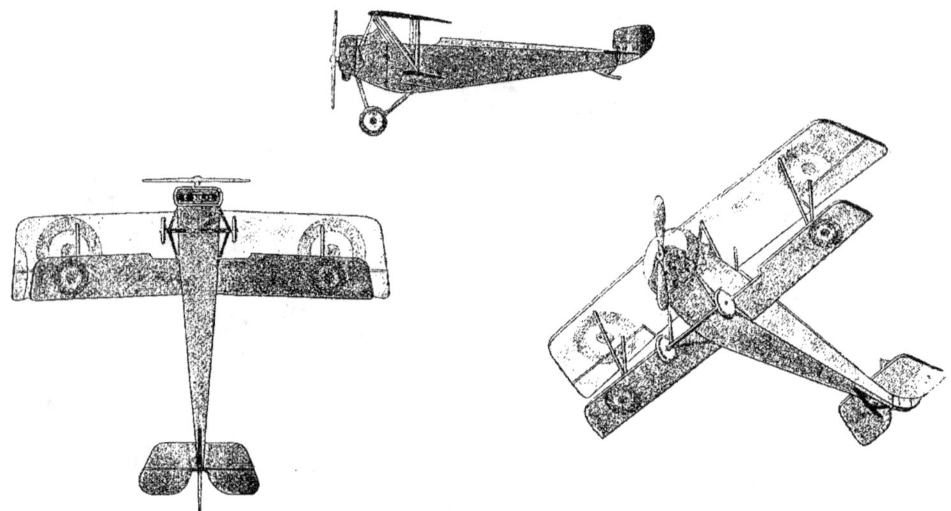

SPAD

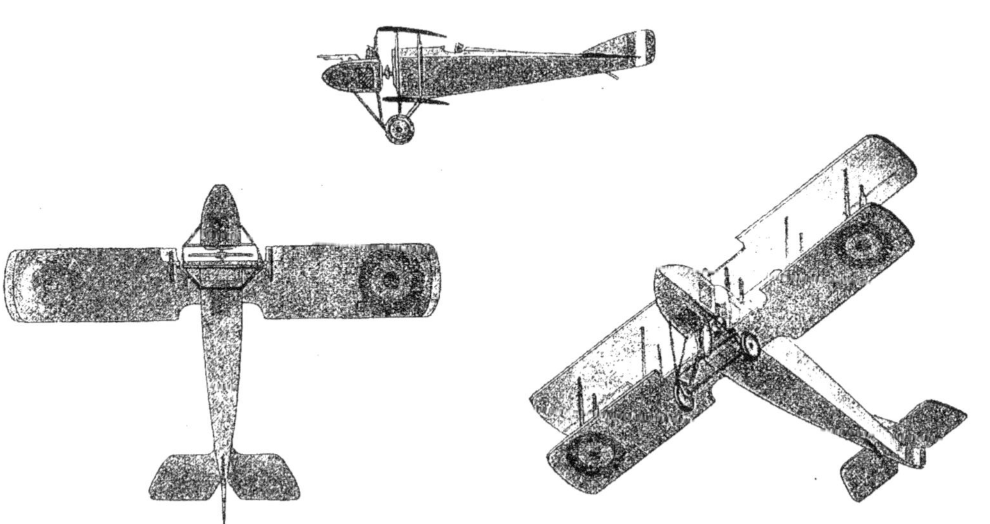

VOISIN L B

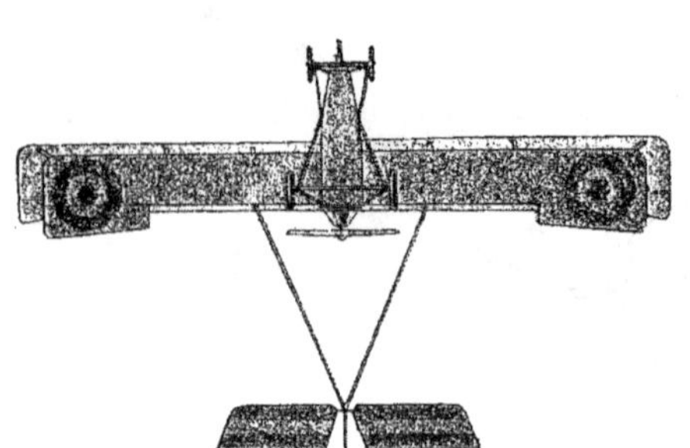

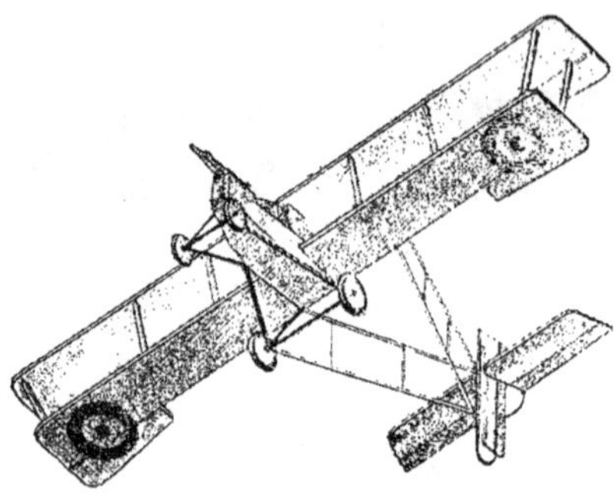

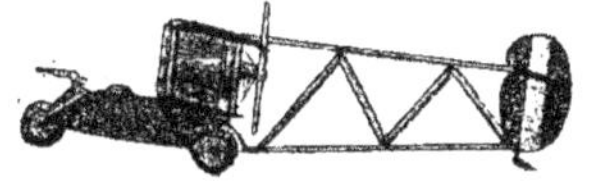

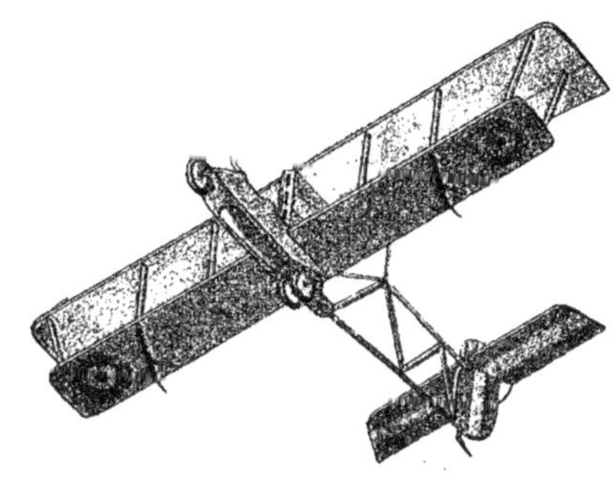

VOISIN O

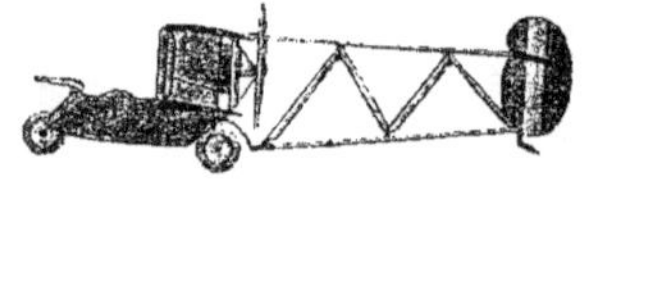

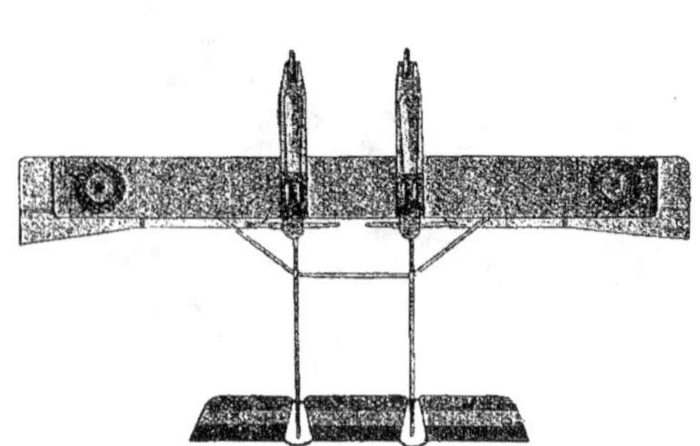

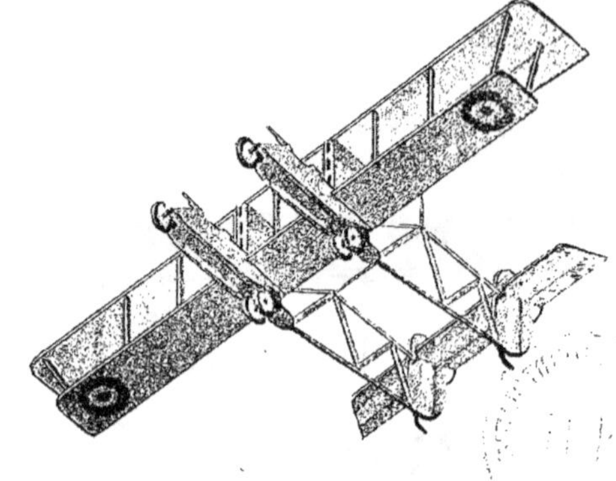

BIBLIOTHEQUE NATIONALE DE FRANCE

3 7531 04113724 2